SANDRA LÚCIA
DE SOUZA SANTOS

MIRAGENS

Poemas

EDIZIONI WE

Contatos
Email: sanlucia.rc@hotmail.com
Instagram: @sannanapoesia

Editing
Simona Adivíncula
Nicola Bergamaschi

Revisão
Roberto Reis
Simona Adivíncula

Arte da capa e foto
Liz Matos

Ilustrações
Reginaldo Couto

ISBN 979-12-80240-69-9

©2021 Edizioni WE di Nicola Bergamaschi
Via Paulli 10/A – 26015 – Soresina (CR)

www.clickpertutti.com
www.edizioniwe.com
www.facebook.com/edizioniwe
www.instagram.com/edizioniwe
info@edizioniwe.com

PREFÁCIO

*de Antônio Mario Bastos (Tonho do Paiaiá)**

Fui distinguido com o pedido da poetisa Sandra Lúcia para prefaciar a 2ª Edição do seu livro de poesias, intitulado Miragens. De início fiquei bastantes surpreso; surpreso sim, pelo inusitado em minha carreira literária, mas extremamente honrado com o pedido e o aceitei de pronto, em que pese a imensa responsabilidade que me cabe, pela confiança que me fora depositada.

Talvez fosse até desnecessário falar da autora dado que conhecida no meio literário. Mas, para mim, soou interessante dizer que conheci a escritora Sandra Lúcia de Souza Santos por intermédio de nossa participação em um Grupo chamado Escritores Brasileiros na Itália, de Simona Adivíncula. Que congregamos nas redes sociais, alguns com obras já traduzidas e lançadas no mercado literário italiano.

Esta obra, que terá lançada a sua 2ª Edição, está no campo da poesia e tem a firmeza de oferecer ao leitor uma poesia liberta, adulta na sua expressão, por vezes com traços sensuais, outras vezes demostrando a fortaleza feminina frente a desilusões e martírios surgidos num relacionamento do amor entre pessoas.

Mas, não se descura de levantar profundas reflexões sobre temas sociológicos, emoções, amor platônico, afagos, maternidade, segredos, sorrisos, sonhos e desencantos - tudo isso se traduz na essência da poesia. Recheadas de crendinces, principalmente na religiosidade e no amor, as suas poesias nos mostram as variadas vertentes dos sentimentos poéticos, como sói ocorrer com o poema Condor, ao clamar ao poeta maior da Bahia, Castro Alves, não ter vivido no seu tempo, que também é o nosso.

*"Oh! Castro Alves,
Por que não vivestes
Em meu tempo?
Queria voar em teu vento,
Qual condor planando
Em madrigal."*

* *Escritor e Poeta Baiano*

MIRAGENS

INTRODUÇÃO

Alegria! Alegria!

Quantas rosas estão no jardim,
E as flores dançando assim.
De alegria
As crianças sorriem,
O sol sai raiando,
As flores vão floreando
Para verem você sair,
E sorrindo, se distrair.

Este foi meu primeiro poema, eu tinha apenas dez anos, e após escrevê-lo mostrei a meus pais Jonas e Maria Belarmina, que me incentivaram e a partir daquele momento nunca mais parei de escrever. Eu a eles, devo meu eterno agradecimento e tudo o que Sou dedicando-lhes este livro, fruto do sublime amor.

Agradecimento carinhoso a meus filhos Geisa Tâmara e Alexandre Dimas, aos meus irmãos e aos companheiros de jornada que transbordam meu coração de alegria e felicidade, proporcionando o despertar para o "Amor Verdadeiro", nos transformando em "Amigos para Sempre", nas miragens da eternidade!

Sandra Lúcia de Souza Santos

SER MULHER

Ser mulher é transcender
Neste universo imensurável.
É ser mãe, amiga,
Irmã verdadeira,
É ser una com a natureza.
Ser mulher é ser feliz
Em meio a tristezas e dificuldades,
Enfrentando os problemas com dignidade,
Transformando a guerra em serenidade.
Ser mãe é promover a Paz,
É ver o mundo na íris de uma criança,
É sentir a natureza,
Apreciar toda a beleza,
E trazer ao mundo a esperança.
Ser mulher é ter o equilíbrio
De uma balança,
É vencer sempre, com perseverança,
Desvendando anseios e mistérios
Que as mentes não alcançam.
Ser mulher
É o perfume de uma flor,
Simples e sublime,
É o símbolo do amor.
Ser mulher é ser, ser, ser,
Ser o que Maria nos ensinou.
Amai-vos um aos outros.
Como Jesus nos amou.

LUZ

Luz que me faz perceber
O mundo que existe ao meu redor
Como ser vivo e responsável
Pelo planeta que habito.
Luz que irradia em mim
A força e a energia
De um amor sem fim...
Luz que envolve a natureza
Em harmonia cósmica
E beleza.
Luz que irradia a essência
De meu Cristo Interno – EU SOU,
Mas, também irradia centelhas
Divinas nos caminhos a seguir...
Luz...

TRANSMUTAÇÃO

Transmutei meus gestos e sentimentos,
Acreditei no Ser Supremo,
E vivi momentos
De eterno encontro comigo mesma.
Descobri que em mim surgiu
Uma centelha Divina,
E uma rosa vermelha desabrochou
Em meu coração, em forma de botão.
A Rosa-menina expandiu-se,
Tomou meu coração, meu Ser,
E resplandeceu em Luz
E sabedoria Divina.
Tornei-me um novo Ser,
Transformei-me
Entreguei-me a Ti,
Senhor Supremo da Sabedoria.
Neófito me fizestes,
E serei sempre, pois em Ti confio
E entrego minha vida,
Para caminhar com a Rosa
Na senda da Iluminação
De um constante desabrochar
Em Luz, Inspiração e percepção.
Sim, cresci, me encontrei, mas
Continuo Rosa-menina,
Desabrochando nos campos da Vida!
CROMAAT!

ORAÇÃO

Justiça Divina transformai este mundo.
Onde houver tristeza, trazei alegria.
Onde houver guerra, trazei a Paz.
Oh! Senhor Deus do Universo!
Mestre Soberano que tudo criastes,
Iluminai vossos filhos,
Trazei a esperança, amparai-os,
Porque sei que nunca os abandonastes.
Protegei a humanidade
Trazendo a Luz da Sabedoria
E inspiração aos preceptores da Justiça
Para que se faça a Paz,
Com Amor e Fraternidade.
Que os homens
Não se envergonhem de Ser honestos,
Que a afinidade espírito-matéria
Se enlace em união fraterna,
Que a Justiça Social
Reflita as Glórias do Universo!
E, em comunhão,
Sentiremos Deus
Em nossos corações.

UNIDADE CÓSMICA

Raios de Luz invadem meu Ser
E transcendem a natureza.
Transformo-me em Ser angelical,
Sublimo a candura magistral
Do encontro com o meu Eu Interior,
E a sublimazia transpõe meu Ser
No triângulo de Luz, Vida e Amor.
Então percebo a unidade cósmica
Através da energia que emana de mim
E em mim transcende em luzes
Através da fraternidade.
Sinto o êxtase da pureza santa
E percebo que em mim
Deus em afinidade se instalou,
Fluindo em minhas veias
O néctar do Amor.

A VIDA

A harmonia reflete na consciência
O espelho resplandecente
Do mundo divino
Que em chamas transcende
O místico amor
Verdadeiramente universal.
E valsamos na arte cósmica
Do belo, do ser natureza
Em todos os aspectos
E melodias harmoniosas
Intrínsecas das paisagens da vida
Que agora percebemos.
O tudo e o nada,
A chama, a água,
O laço e o nó,
O amor e a dor,
A alegria e a tristeza
São sentimentos dos
Momentos que vivemos
No reflexo da paixão humana,
Que em luz ou sombra
Transfere o real para o imaginário,
E os sonhos transcendem
Os momentos em felicidade.
Eternas crianças,
Fontes de paixão,
Inspiração e amor,
Consciência harmoniosa da vida,
Que a nós passa distraída
Em beleza, arte e sensibilidade, A Vida!

NATUREZA

Nos movemos fazendo conceitos
No mundo mental,
As alegrias e os martírios
São símbolos que naufragam
Em nossas sensibilidades,
Despertando, construindo
Emoções.
O tudo e o nada que representam
O polo das vibrações
Filtram a harmonia de nosso ser
E fluem as mais puras sensações
De amor ou de dor,
Colecionando resultados
Às margens da vida
Construindo os pedaços,
Retalhando as emoções
Num castelo de sonhos
Que refletem a Natureza.

MEU SONHO

Ontem sonhei com você,
Uma cena tão real, e mesmo assim
Não consegui descrever.
Parei, pensei,
E analisei muitas vezes
O sentido de tudo,
E descobri que você
Se encontrava em meu mundo,
Tão receptivo e sempre mudo,
Mas sua sabedoria
Transmitia felicidade e alegria.
Então percebi que com você
Eu cresceria, sem precisar
Questionar ou entender...
Apenas viver com alegria
Esses doces delírios,
Ao sonhar com você.

ENCANTO

Sigo meus sonhos
Na procura da fraternidade,
Mas sempre me encontro
Desvendando novos caminhos,
E aumenta meu desejo de prosperidade.
As circunstâncias nos conduzem
Ao arbítrio do tempo,
E a vãos caminhos que o instinto
Escreve nas páginas do vento.
E a poesia ecoa no dom matinal do amor,
Quando a noite transforma meus ais
Em delírios, desejos e encantos de outrora.
Comungo nas estações
Os melhores momentos que vivemos,
E trago no peito doces recordações...
E a magia do teu olhar,
Que flui ardentemente doces emoções...

CUPIDO

E vem você, doce e humildemente
Despertando minha sensibilidade.
A poesia se impõe,
E em energia cósmica me invade.
Inebriante, embevecida,
Desvaneço na magia da tinta,
Desvirginando as páginas da vida
E no azul emudeço.
Só os sentimentos ecoam de mim,
E me entrego aos delírios
E desejos da magia angelical.
Sem limites para o ilimitável,
No horizonte sem fim,
Nem percebo que você está em mim.
A noite pertence à lua magistral,
E o sol ao dia, mas me perco
Em meio ao tempo, num labirinto de cristal,
Onde as rosas são nuas
E desvendam os mistérios do amanhã,
Com perfumes nunca dantes embriagados,
Na boêmia faceira do inexplicável.
E o amor vem...
E se instala neste peito afável.

VIVER SEM LIMITES PRA SONHAR

Pensando em você
Eu vi como as coisas podem ser diferentes,
E meus anseios deixaram de ser um mito.
No céu existem várias estrelas,
No planeta inúmeros astros,
E no universo vários sistemas solares...
E no meu mundo
Não poderia ser diferente,
Vejo as estrelas, os astros e os sistemas,
Mas meu coração não teima
Em perceber que você é minha Luz,
A inspiração que me anima,
As raízes que me prendem à natureza
E o sol que brilha em meu espaço.
Só você me faz ver sem querer
Que o amor não tem limites,
Nem pra sonhar...

AMOR MATINAL

Não vejo quando passas,
Mas sinto quando chegas,
Como um amor matinal.
E me entrego à natureza,
Na certeza de um novo amanhã...
Para sentir essa energia
Que expandes com alegria,
E nem percebo
Que estou envolvida em teus sonhos...
E por instantes me perco,
Feliz da vida,
Porque além de qualquer expectativa
Simplesmente
Sou tua fã...

BOM DIA!

Bom dia! Amor!
Acorda!
Vem ver os presentes
Que a natureza te trouxe
Neste novo amanhecer,
No romper da aurora,
Onde o teu néctar
Se confunde com o meu,
Na incandescência sublime
De um novo despertar.
Bom dia! Amor!
Que esta Luz que de ti irradia
Transforme teus passos
Em felicidade
E sublimazia!

AS DUNAS DA FELICIDADE

Nas dunas da paixão
Desperto meus sonhos,
E deixo transparecer
O meu desejo por você...
Sem querer perceber
Em mim uma transformação,
Luto por este amor Platônico,
E busco em sonhos
A inspiração...
Então vem você,
Roubando meus pensamentos,
Fluindo os mais altos sentimentos,
Despertando a paixão.
Só você, sei que sem querer,
Mexeu comigo,
Lapidou meus sentidos,
E transpirou meus desejos...
Só você me fez compreender
E explodir de mim
Este amor adolescente,
Que não mente, mas rompe
Qualquer barreira e transcende!
Para ser, por um momento,
Feliz!

ETERNO AMOR

O que é que eu vou fazer
Quando sentir saudades de ti,
E ver que meus sonhos não foram em vão?
Que a distância me maltrata,
Expandindo a solidão?
O que farei com os meus sentidos,
Quando por instinto não te fitarem,
Na ausência do teu olhar
E do afago de tuas mãos?
O que farei com o meu sorriso
Na ausência dos teus lábios
Meigos e afáveis, sem se deixar perceber?
O que farei comigo,
Quando minha inspiração
Em ais despencar no paraíso
Suave de tuas mãos?
E o que farei com a ausência
Do teu olhar que me fascina,
Do teu cheiro de manhã?
O que farei comigo,
Quando me perder despercebida
Nas asas do presente,
Revendo os sonhos de outrora?
O que fazer da vida,
No vazio da ausência doce e ilusória?
O que fazer comigo, ao andar vago, andarilho,
Nas estradas do amanhã?
O que fazer para não sofrer
Com a tua ausência, no amparo do cupido,
Reluzindo tua essência?
O que faremos na certeza
Do presente e de que
"O amanhã a Deus pertence"?
O que fazer da natureza,

Da pureza e beleza do nosso divã?
O que farei com a minha loucura,
Se a distância me consome
Na melancolia do entardecer...
O que fazer com este amor
Que se expande
Nas chamas de outrora?
Ah! Enternecido Amor!
Que durou alguns instantes
E semeou no meu coração pulsante
A alegria de viver... Doce amor...

ANDARILHO DO AMOR

Meus sonhos lapidam andarilho
Na certeza do amanhã,
E tecendo minha saudade
Deslizo em noites suaves
Todo o meu afã.
Renasceste a minha alegria,
Meu corpo ficou suave
Com tua magia,
Em tuas mãos me encontro
Perdida, despercebida,
Sem qualquer expectativa do amanhã.
Depois adormeço pensando
Em teus abraços,
E na expansão do teu olhar
Me perco...
Reluzente, flutuante,
E nem sinto que teu olhar
Me procura, e teus lábios
Expressam o desejo de me amar,
E me entrego, porque
Sei que eu quero cair em teus braços,
Desabrochar qual Rosa-menina
Que enfeitiçou a vida de sonhos,
Como é bom sonhar...

FASCINAÇÃO

Nas espumas da paixão
Entrego o meu coração,
E deixo fluir meus desejos...
O calor me consome
Só em pensar nos teus beijos,
Que fascinam minha essência,
Acalmando meus ais...
E inebriada, tonta de amor
Me deixo adormecer em teu abraço,
Sentindo os mais doces afagos.
Na dança do amor acalmo
Meus desejos, mas enlouqueço
Na ânsia de carinhosamente te abraçar,
Embebedar-me com o teu suor,
E navegar em teu cheiro
Para não mais despertar.
Ou então morrer de amor
E desejos...

FEITIÇO

Fui para você
Com uma lágrima nos olhos,
E sem entender
A magia que transformou meu ser
Revolucionei meus ais,
Me apaixonei, sofri, chorei
E aprendi a ser
Mais uma estrela no Cosmo.
De tudo ficou um sonho realizado.
Ah! Como foi bom sentir
A magia da natureza,
E transcender meus instintos,
Mas a realidade rompeu
As fronteiras de meus sonhos,
E acordei diante de ti,
Em prantos, sem perceber o por quê.
E descobri que perdi todo o encanto
De amar-te.
E minha lágrima encontrou
No passado distante
A certeza de que, em liberdade,
Navego na poesia do oceano,
Com o canto da sereia
Sem oprimir meus encantos.

REENCONTRO

Ah! Se a melancolia
Que flui de minh'alma
Pudesse expressar a música
Que me acalma
Não fluiria tristes poesias.
Se eu pudesse mergulhar
No oceano profundo,
E observar o entardecer
Minha tristeza exaltaria
O amor que através da poesia
Batiza meus ais.
São prantos
Que não choram mais,
A dor que corrói meu peito,
Na descoberta de uma nova manhã.
E assim percorro,
Nos caminhos da vida,
O meu reencontro.

LEMBRANÇAS

Me dei conta de que cresci,
O tempo me conduziu a caminhos
Que não pude perceber,
E dentre tantos cresci
E vivi momentos inesquecíveis...
Hoje o destino me conduz,
Nas asas de meus desejos e pensamentos...
A vida sofrida e difícil
Me traz uma lição de amor
Nas lembranças do passado.
Vontade de ser criança eternamente,
Ter um mundo de sonhos,
Fantasias que não doem,
Desejos que não marcam,
Pureza d'alma em expressão infinita...
O tempo passa...
E com ele os sonhos,
Os sofrimentos e os desejos.
Só ficam as lembranças
De uma infância feliz!

ORGASMO

Tu voltaste tão meigo,
Doce e quente,
Repleto de ternura e sensações.
Com o olhar de desejo ardente,
No instinto inebriante,
Me deixando adormecer
Em teus braços,
Sem anseios e náufrago
Do amor que aportei
Em teu coração.
As estrelas teceram sobre nós
Chuvas de cristal,
E a lua feiticeira nos envolveu
Em orgasmo sublime, angelical,
E fluímos com raios inebriantes
Da chama da paixão,
Formando um único ser,
Valsando na eternidade,
Sem rumo e sem limitações...

PROCURA

Hoje pensei em ti,
Te procurei
Mas não te encontrei,
Tu estavas muito ocupado,
Não me destes atenção.
Te amei tanto,
Sonhei com momentos irresistíveis,
Te procurei...
E estou aqui, em prantos,
Na solidão...
Nas plumas de meus pensamentos
Me ergui,
Suplantei meus sonhos,
Me transformei,
Renasci.

ÁGUA

Às vezes me vejo pensando em ti,
E sonho com os momentos que vivemos.
Só em pensar que, por segundos,
Tu escorrestes dentre meus dedos,
Como fluidos de um amor que se foi...
A miragem do cotidiano
Te traz a mim, com a magia da Luz,
Nas sensações do meu querer.
E teus fluidos se erguem novamente,
De meus dedos posso sentir
Tuas mãos aquecerem
Os mais puros instintos.
De teu olhar transcende o querer,
Me enlouquecendo de desejos.
Te fito – ser real e perfeito,
Na fronteira de minha procura,
E te sinto pertinho de mim.
Mas sei que foges feito miragem,
Porque teu querer não é profundo,
Instintivo igual ao meu,
E mesmo assim
Continuo te fitando em meus caminhos,
Num querer sem querer,
E roubas meus sonhos,
Feres meus instintos
Sem deixar embriagar-me
Em teus desejos, e novamente somes,
Feito um córrego no mar.
E te perco novamente,
Mas percebo docemente
Que o mar te faz penetrar
Mais uma vez entre meus dedos,
Mas não consigo te tocar,
Escorrendo em mim

Delírios e desejos,
Me fazendo sonhar porque roubas
Meus sonhos nas águas do mar.

O AMOR

O verdadeiro amor
Vem sem se deixar perceber,
E se instala sem pedir permissão,
Inundando nosso ser
De alegria e satisfação.
Então percebemos tudo,
O belo irradia de nosso coração
A simples magia que transforma
O mundo em perfeição.
E a alegria se expande
De nosso ser, fluindo
As mais puras emoções.
A felicidade transcende
E purifica nosso Eu de beleza,
Na mais perfeita comunhão
Com a natureza,
E nos tornamos uma centelha
Divina, purificando tudo,
Transcendendo todos os limites.

DOCES MISTÉRIOS

"Amor de Marinheiro?
Não quero volta!"
São doces ilusões que fluíram com o vento,
Deixando sonhos a contento,
Que as várzeas levaram...
No mar acalmo meu canto,
Ao despertar de um sonho infinito e magistral.
Ilusões que me acalmam,
E ao ninar das águas minha angústia se esvai...
Navego contigo em pensamento,
Mergulhando o tormento de não amar-te mais.
Em doces sonhos naufrago.
Nas margens do tempo e do vento,
E de teu sorriso, relembro a estrela-do-mar,
Que se perdeu no firmamento,
Reluzindo desejos e encantos,
Que não voltam mais...
E naufrago em teu canto,
Procurando no infinito
Os doces gemidos de amor,
Que se perderam
Nos mistérios de teus lábios.
E teu sorriso me trai, pois na lembrança
De mil amores se desfaz, e com a aurora navego,
Deixando meus encantos
Se dissiparem, na certeza
De que não te verei jamais.
Mil Portos, mil sonhos,
Doces encantos deságuam
Em tempestade, invadem em lágrimas
Que para o mar desvanece,
Levando doces momentos que não voltam mais...

CHAMAS

Teu olhar me acompanha,
Teu sorriso diz tudo,
Mesmo mudo, quase sem querer.
Sinto teu desejo e vejo teu receio,
Então recuo.
Em sonhos me contento,
Sem deixar perceber que tua
Presença me inflama
Num fogo que me implode,
E ao teu lado estremeço,
E com o meu suor deságua
Todo o meu querer...
Quando estás ao meu lado
Fico muda,
Teu olhar detona o meu desejo.
No silêncio profundo
Naufrago meus anseios,
E em teu sorriso me perco.

OCEANO

Tu surgistes de meu sonho,
Mergulhastes em meu mar,
Caístes em minha rede,
E me enlouquecestes de desejos.
Não preciso falar,
Te amo de qualquer jeito,
E todo amor tem um preço,
Senão o Amor, a dor,
O medo de te perder.
Em marolas de delírios
Naufrago meus tormentos,
Na magia de teu olhar,
E teu encanto me fascina,
Me faz eterna menina,
Por te amar e sonhar…
Qual aurora fria,
A tua eterna magia
Transcende o meu olhar,
E me calo, mergulho
Em teu silêncio,
Nas profundezas do mar…

SONHO I

A nuvem tênue se impõe
No céu azul,
Tecendo as margens do tempo
À solidão.
E me encontro absorta no mar,
Perdida de ilusões,
E no canto suave do vento
Me deixo envolver.
E adormeço pensante em ter você.
O mar salgado me batiza,
Perdida de paixão mergulho
No oceano indomável,
À tua procura, como uma sereia
Que em águas frias
Emana seu canto solitário,
Resguardando todo mistério do mar.
Como encanto
Navegas eternamente,
Sem quereres despertar
Em meus sonhos...

SONHO II

O tempo passa, e com ele
O mar leva toda a magia
Do teu olhar, que, náufrago,
Tenta despertar, mas
A imensidão das ondas
O consome, levando consigo
A minha face e o meu sorriso,
Que sem o teu não faz sentido.
Te procuro em cada Ilha,
Cada porto, cada cais,
Na certeza de que tua partida
Deixou meu peito em destroços,
Tentando no renascer da aurora
Fitar tua doce Íris, que
Com minha face se esvai...
Tênue e sereno o mar me consola,
Na esperança de uma nova aurora
Eternizar nossos laços,
Em doces afagos,
Nas profundezas do mar,
Que gigante e soberano
Resgata a paixão desenfreada,
Como sereia, meu canto
Ecoa o desejo de te amar.

TE VEJO ASSIM...

Te chamas Luz,
Qual brilho reluzente, cristalino,
Te fazes eterno menino,
Na dinâmica do amor.
Te chamo Paz,
Que encontro na natureza,
No silêncio profundo,
Instintivo, de um momento único.
Te clamo Amor,
Que em raios incandescentes
Iluminas esta jornada,
Desvendando sonhos, talentos
E sentimentos, despertando
Alegria e encantos.
Te quero assim...
Com teu jeito meigo, sereno,
Com amor a contento,
E contente de contentamento.
Sempre assim,
Um menino clandestino,
Que vem interferindo e
Despertando o dom do amor...
Te vejo assim:
Humilde...
Menino...

LOUCURA – MINUTO CARNAL

Sei que teu desejo
É penetrar meu corpo,
E dele fazer teu trono eterno,
Te perderes no labirinto
Ardente e aveludado
De minhas entranhas,
E em meu espaço
Gemeres feito louco,
Um gozo imoral,
E conter em teu cérebro
O delírio de um minuto carnal.
No clímax do sexo
Deliro sem saber se é amor,
Se é eterno,
Pois este momento é tão infinito...
Não sei se morro ou se vivo,
E cada vez mais agarro-me a ti,
Te mordo, arranho,
Cavalgo em teus cabelos, perco-me
Como se estivesse louca,
E tirasse um pouco de teu mel,
Para não perder-te inteiro
Ao amanhecer.

INTERROGAÇÃO ATMOSFÉRICA

Às vezes me pergunto,
Questiono meus anseios,
Absorvo a procura,
E me encontro no místico.
Qual interrogação atmosférica,
Que vaga sem um por quê
Que transforme a questão,
E as buscas são respostas
Que soam à ilusão.
Miragem da síntese constante,
Da antítese sonante do Ser Ego
No individualismo do Ser,
Eu mudo, no mundo alegre-triste,
Vagabundo da solidão.
Palhaço das multidões,
Que sorri pela graça de existir,
Que faz muito pela platéia,
Mas para si não há questão:
Existir? Sim, o que é isto?
- É a vida! A solidão.

APORTEI MEUS DESEJOS

Nas dunas de teus cabelos
Aportei meus desejos,
E me perdi
Traçando roteiros
Que te encontraram.
Marquei sinuosos anseios,
Delineando teu corpo,
Teu jeito esguio,
Lindo e sorridente.
E o olhar cativo,
Perdido em desalinho
Brilha ao ver-me.
Fico feliz (com uma dose de timidez),
E não consigo esconder
O prazer que sinto
Ao ver-te.
Me denuncio,
Me arrasto horas perdidas,
Rezando pelo reencontro,
E a emoção se renova
Como na primeira vez
Em que aportei meus desejos
Nas dunas de teus cabelos.

ABSURDO

Estou em ilusão,
Meus passos
Leves e presos,
E meu espaço
Não é meu,
Se perde a cada passo.
Percebo que sou só
No meu íntimo,
Os pensamentos
Fogem do ritmo.
Não há espera,
Não há procura,
Apenas vivo no absurdo
De mim mesma
O meu reencontro.

MENINO NATUREZA

A natureza me lembra você,
O rio, o ar, as montanhas compõem um cenário
Na maestria de sua presença, você livre,
Em qualquer espaço, natureza sincronizada,
Completa, na magnitude da vida,
Frondosa, de folhas verdes,
Troncos firmes e ramos bonitos, transluzentes...
Você me lembra a natureza,
A constância de minha vida
Livre em você, com você.
Ainda assim sinto você introvertido,
Sempre na timidez do seu reencontro,
Como se a seiva bruta invadisse suas veias,
Penetrasse em seu tronco e homogeneizasse
Um pouco mais que de repente
Na copa de seus cabelos e de seu cérebro.
Em resposta, os raios de sol
Revertendo o processo,
De novo lhe vejo pirado, menino alegre,
Extrovertido, faminto de desejos e de prazer,
E a seiva fecunda a beleza em seus poros,
Seu corpo levita, e tudo é vida,
É você, árvore,
Menino lindo que amo,
Natureza.

AUSÊNCIA DOS PARDAIS

A tarde caía vagamente,
Os pardais cantavam
A sua ausência...
Vi amores antigos,
Revivi momentos inesquecíveis,
E sua distância me incomoda.
O mar clareia suavemente
Um sorriso só seu.
O vento desnuda em aroma
Um sentimento nosso,
Quando nossos corpos urgiam
Num mesmo ideal.
Procuro você em todos os jardins,
Escondido nas flores
Que ainda não desabrocharam,
Nas canções que os poetas
Não falaram, e sei que
Você está aqui, porque
Essas flores ainda não semearam
O pólen que as fizeram botão,
E os jardins não foram
Preparados para o seu abrir,
E você ainda não me sorriu
O seu sorriso,
O mar não ouviu o seu gemido,
Sua voz nativa de amor.
E busco você, os pardais ainda cantam
A sua ausência.
Peço a Deus que me perdoe, pois não os quis ouvir.
Na praça me encontro,
A tarde vagamente cai…
Já não escuto mais os pardais...

GESTAÇÃO

Floresceu em mim
O desejo de embalar-te
Em meu seio materno,
E dele jorrar em fonte infinita
O alimento que te nutre
A alma e teu corpo santifica.
Busco tua imagem, teu rosto,
Sei que pareces com Deus
Pois Dele és centelha divina,
E meu lar de aconchego
Moral – meu corpo,
Resplandece em glória,
Qual chuva de pétalas de rosas.
E minhas lágrimas choram
Uma só emoção,
A felicidade que trago n'alma,
De mim,
Reviver-te...

CHEIRO DE AMOR

Não contarei
Com quantas palavras
Se escreve AMOR,
Pois meu coração
Palpita teu reflexo
Em canção,
E meus pulsos vagueiam
Inertes em teu cheiro...
Minhas mãos te procuram,
Meus olhos te veem,
Penso em ti,
Te sinto,
Não preciso dizer,
Te AMO.

GÊNIO DA MADRUGADA

Em pensamentos
Dediquei-te amor eterno,
E conduzi-me loucamente
A nossos desejos...
Pensei muito em ti,
E vi que sou realidade.
Tu és lindo,
Príncipe mágico,
No delírio do amanhecer,
Tão normal
Quando uníssonos somos em Deus.
Abençoados pela energia
Transcendental da natureza
Nos encontramos,
No gozo imoral
Da moral contida,
Na força que nos energiza.
Simplesmente nós,
Na vida – nós,
No mundo – nós...
Nos amamos
Qual Gênio da Madrugada,
Em nuvens de cristal,
Elevando-nos
A nós mesmos,
Em Amor imortal.

SONHO... VERSOS... GEMIDO...

Roubastes meu sonho
Sem saberes que meu único anseio
Era ver-te penetrar nele,
Como tamanho é o meu desejo
De, juntos, na plenitude do inconsciente,
Ver nossos corpos unidos
Num só gemido.
Qual gozo seria mais desejado,
Na loucura de um doce suspiro?
Abro-te a porta de meu pensamento,
Anseio que me procures,
Mas quando te vejo
Escondo-me meio sem jeito,
Com um sorriso.
A timidez nutre o desejo
Que cala em meu peito,
Um amor que escapole
Num suspiro.
Vago noites e mais noites,
Só queria que estivesses comigo.
A tristeza chega calma e sorrateira,
Represando este amor em agonia,
E adormeço,
Recitando para ti
Mil poesias...
Tamanha é a alegria
Com que acordo no outro dia,
Em saber que
Roubastes meu sonho,
E penetrastes em meus versos,
No orgasmo delirante de um gemido...

MIRAGENS

Momentos mágicos fizemos,
Gênios, príncipes, fantasmas,
Fazendo parte de um mundo
Que só nós vivemos.
Em miragens constantes
Fantasiamos a realidade,
E tudo pareceu um sonho...
Nos amamos no instinto da carne,
Mas também nos amamos
Antes, na espiritualidade.
Vivi momentos de encanto,
Isto sim que é encanto!
Um pleno querer,
Uma busca contida,
Que só nós encontramos,
Um momento de vida...
Fomos figuras de nós mesmos,
E aqui estamos,
No álbum das cordas da vida,
Em laços que nos roubam
Questões decididas.
E assim nos questionamos
Nos porquês seguros da insegurança,
Com medo de nos perdermos
Nessa suave cobrança
De nos querermos...

MEUS OLHOS SOU EU

Meus olhos sabem olhar
De diversas maneiras,
Sabem falar,
Encantar
E amar.
Dizem tudo que
Guardo de profundo
No coração,
Sorriem com meu corpo,
Despertando paixões...
Meus olhos SOU EU
Me apresentando ao mundo,
São a essência da vida,
Despertando emoções.

LEMBRE DE MIM...

Quando vires uma rosa no jardim,
Quando olhares o sangue nas veias
E teu calor arder em desejo,
Lembra de mim...
Quando a poeira da estrada
Tocar teus pés em um beijo,
Lembra...
Quando nossos olhares falavam,
Alimentando um desejo,
E a timidez pecava,
Lembra...
Quando pensavas em me ver,
Quando sentias o querer
E nossas mãos se encontravam,
Lembra da vida,
Das propostas da vida,
Das esperanças vividas,
Das ânsias sentidas,
Dos olhares...
Do beijo roubado,
Do suor fresco de desejo,
Do querer e não querer,
Do sim, do não,
Não – sim,
Sim – não.
Ao estarmos próximos
Da distância estática,
Lembra de mim...
De tuas mãos quando me tocavam,
De tua voz
Ecoando em meu corpo,
Paixão desenfreada. Lembra...

RETALHOS

A procura é inevitável
Quando o amor se confunde.
Os argumentos tocam
Em brisas candentes,
A fala reprisa, fere, dilacera
Os retalhos de uma paixão cadente.
E o recomeço é inevitável,
Quando o amor se confunde,
Os argumentos tocam,
As palavras não falam...
Um novo encontro é inevitável,
Quando o amor se confunde,
Os argumentos tocam,
As palavras calam,
E os olhares falam...
A espera é inevitável
Nos amores que falam,
O argumento se confunde,
Os corpos exalam
O desejo candente
Que toca reprises
Na reconstrução dos retalhos.

MIL AMORES

Saudade,
Desperta-me do passado
Com tua doce magia,
Transforma em realidade
Os bons momentos que nutrem meus sonhos,
Quero vivê-los intensamente, talvez amplamente,
Conservando os instantes
Decisivos que jamais
Foram completos, decifrados.
Penso em mil amores,
Vejo a lua cheia
Em um céu comprometedor...
O que faltou
Para eternizar este momento?
Questiono o passado,
Reprimo momentos indecisos,
Mesmo assim quero revivê-los,
E revivendo-os,
Na força do pensamento
Tornar a realizá-los.
Quantos gostos... ficaram,
Quantos ais... flutuaram no espaço,
Quantos suspiros...
Sufocaram a expectativa...
Quantos cheiros não cheirei,
Quantos desejos desperdicei,
Quando os olhares falavam
Mais que o murmúrio e foram despistados...
Ah! Suplico aos Deuses
Que algumas vezes
Me deixem parar no tempo...
E no espaço...

AMOR? EIS A QUESTÃO!

Não questiono mais o Amor.
Ele está na saudade,
No ensinamento,
Na convivência,
No sentimento,
No despertar,
No pensar,
No fluir dos sentidos,
Nos gestos incontidos,
Nas palavras ditas com ternura,
Nas frases não ditas por amor,
Na renúncia de declarar-se,
No sorriso incontido,
No suspiro,
No gozo do gemido,
Na ânsia de ver-te,
Na coragem prematura,
Na fuga,
No amar e ser amado,
Na espera,
No beijo,
No sonho,
Na música,
Em não perceberes
Que Te Amo.

DESENCONTRO

O azul do céu
Me convida a te beijar,
E busco incontida
A tua presença
Presente.
O meu amor consciente
A te desejar.
Te amo tanto...
Navego lágrimas
Em prantos
Na ânsia de te tocar…
E estás distante.
No coração guardo
Momentos delirantes
De um amor sem fim,
E aqui,
No conflito da vida,
Me encontro,
Perdida na tua ausência,
E despercebida
De mim...

VEM COMIGO!

Eu sou o sol que toca em teu corpo,
O vento que leva teu cheiro,
O mar que te nina
E embala em meus seios,
A brisa que roça teu corpo,
Num contato sensível, mas louco,
Gemendo nos tímpanos
O gozo imortal.
Vem comigo!
Navega nestas ondas sinceras e banais.
Vem comigo bronzear meu corpo
Num delírio louco.
Vem me amar
Ser eu em ti,
E o sol infiltrando nos poros.
O desejo de amar
Ardendo nas veias,
A doce volúpia de estar contigo.
Vem comigo!
Me ama!
Sê a natureza de meu ser.
O ser de meu universo...
Vem feito cometa...
Vem...

SAUDADE

Saudade,
Canção que ofega n'alma
E resplandece de ilusão.
Saudade,
Que marcou em minh'alma
Teu sorriso terno
De felicidade.
Saudade,
Do teu meigo abraço,
Do teu jeito sem jeito
De me abraçar.
Saudade,
Do teu abraço...

O SEGUNDO ENCONTRO

Seguindo a voz do firmamento
Transponho-me numa canção
Sem rima, sem falsos conceitos,
Sigo o pleito
Que chama o coração.
Adiante,
Mais perto de mim,
Sinto suave afago
Que no leito vago
Esconde o carmim.
E embalo-te sonora,
Folheando o tempo,
O vento,
As flores...
Vejo a alegria
Vivendo minh'alma
Em sabores.
Canto, porque a luz
Que flui alva corre,
Corre, sorri
E finda n'alma,
A felicidade...

MUSA MULHER

A mulher não tem cor,
Seu dengo é magia
Que encanta com amor.
Alegre ou triste
São momentos difíceis,
Ares sublimes
Que resolve com ardor.
Mulher, dócil mulher,
Doce musa que encanta
Com sabor de uva
O pecado da maçã.
Mulher, Eva, Maria,
Mãe, Irmã,
Simplesmente mulher.
Musa de uma grandeza,
Vence a discriminação e a
Torpeza, a cada dia,
A cada manhã.
Mulher, doce mulher,
Sublime semente da natureza
Na primazia do universo.

QUANTO VALE O AMOR?

Qual o mais bonito,
A rosa ou o amor?
A rosa é linda por instantes,
Murcha, cai, morre...
O amor
Quando se sabe amar
É eterno, lindo, joia!
Quem não sabe amar
Cai mais um degrau na vida,
Entra num castelo infame,
Sobe na torre da angústia,
Cai na prisão da amargura,
Enche a vida de tristeza e dor.
Infeliz daquele que não ama.
Ame a flor, a natureza,
O céu, o mar, a lua e as estrelas,
O jardim florido,
O sorriso de um menino,
Porque se não amas
Nada na vida
Não serás feliz contigo.

ESPERANÇA

Te amei tanto,
Parti meu coração em prantos.
Por ti, remendei meus pedaços,
Vesti panos que fizestes trapos,
Redimi meus pecados,
E me perdi.
Fui, voltei, fui e voltei.
Quantas idas se vão
E quantas voltas ficam.
Mas, por fim, parti
E levei os meus sentimentos,
Os pedaços de algo
Que posso chamar de vida,
Para viver uma vida
Sem trapos, nem pedaços,
Uma vida completa, real,
Sem prantos nem panos,
Mas com o coração feliz.

SEIVAS DE TERNURA

Queria amar você
Sob todos os ângulos,
E na essência da noite
Percebi que você é fundamental,
Pois encravou o desejo
Em meu sangue,
E de todos os suspiros
Um é mais desejado...
De todos os encantos,
Um é enfeitiçado...
Sei que me fascina,
Me percebe em meu acalanto
E me faz renascer,
Te procuro nas ondas
Do universo como um beija-flor,
Esperando o florescer
Em plena manhã de primavera...
Seu canto soa a meus ouvidos
Palavras de amor...
Seu suor banha meu corpo
E inunda meus poros
Nas emoções mais gostosas...
Seu contento me completa,
E quero despir-me
De tudo que magoe o nosso sonho,
Pois a realidade lapida
A alma de volúpia em cada despertar.
Meu único desejo
É ter você ao meu lado,
Em um abraço demorado,
Nutrido em seivas de ternura.

A PONTE DA VIDA

Ó menino sem lar sem alimento,
Órfão da vida, inerte, perdido
No tempo do mundo dos homens.
Menino só, descalço, sem camisa,
Sem comida, sem guarida,
Abandonado pela justiça humanista
Que os homens questionam e lutam,
Perdido no dia a dia, sem perdão,
Pois seus pecados são puros,
Apesar de sujos e não lapidados
Na essência, seus sonhos
E desejos infantis foram desperdiçados
Pelo tempo, que dirigiu seu raciocínio
Na alfabetização marginal
Que a sociedade privatiza
E culpa os desfavorecidos...
Pobre menino! Não devia ter nascido!
Olhos piedosos mistificam sua
Realidade mas não solucionam seus problemas.
Rotulam a marginalidade
E o menino sob o viaduto,
Que na rampa de concreto armazena seus anseios,
E sem perceber-se do cansaço constante
Vê os carros em velocidade,
E lembra-se de quando pequeno ainda
Sonhara ter um carro de brinquedo e ser igual...
- De início não existiam ricos
Nem pobres, minha barriga era grande
E sempre doía de fome, e a cada dia
Me sentia esquecido, só, abandonado.
Não sei o sabor da vida,
Aprendi a roubar e aqui estou,
Sinto vontade de ver meus pais,
Mas não conheço eles.

O tempo passa e a velhice me desespera,
Corre para mim como o vento,
E marca em algo vivo que tenho
Dentro de mim o desejo de morrer,
E nascer em outro mundo,
Onde eu possa ser feliz.

COMO SERÁ, JOÃO?

O que será de você, João,
Quando o sol incandescente
Se deixar chover?
O que restará, João,
Quando a luz desenfreada
Apagar nossos corações?
O que será, irmão,
Quando a noite destelhada
Nos causar insolação
E derreter nossos ideais?
Pressinto uma tempestade,
Talvez melhore ou regrida,
Quem sabe? Algo está no ar,
Nosso espaço sufoca os ais
Dos opressores,
Oprimidos, amistosos, ofendidos.
De repente vem o nojo
Que me enrola o estômago,
Será fome? Ou enjôo?
Gravidez de uma esperança?
Ou um ideal decapitado,
Oprimido no próprio espaço,
Íntimo, fugaz como o inseto,
E atrevido como o instinto?
Será desespero, João?
Não vamos sofrer pelos nossos males,
Cultivaremos os verdadeiros
Valores humanos, pois
Nossa massa se mistura,
Embola, embola...
E no forno já estamos,
Só preciso da receita
Para sair desta farsa.
Economia não adianta, a inflação espanta!

O que fazer, João, se faltar ar no pulmão?
Se a bomba explode ou se ela implode?
Se não há feijão para o pobre?
Se minha existência é imaginária?
Se sua tática falha? Como será, João?

SONHE...

No palco do pensamento
Me iludo.
Transpasso a realidade
E mergulho fundo
Nas emoções...
Momentos sem fim...
Ternura...
Carícias...
No orgasmo penetrante
Da noite no dia
Revivo paixões,
Alimento desejos
Contidos no peito e
Fujo da rotina da vida,
Que traiçoeira
Me belisca,
E me atira no chão...
Caio em mim e
Às vezes a realidade
Está mais próxima,
Sonhos, ilusões,
Paixões
Transcendem um querer,
Uma ânsia de vida,
Vivida
Sem limitações.

A NATUREZA MORTA

O homem querendo conquistar
A liberdade
Pensa que pode voar,
Planar feito gaivota
Em qualquer tempo
Com chuva ou sol,
Então me pergunto:
Ser livre é voar?
Se sabemos que
"Longe é um lugar que não existe",
Conseguiremos um dia
Realmente voar livres,
Proibindo os pássaros
De voar?
Reprimindo seu canto,
Represando seu ar?
Para onde iremos,
Impedindo os pássaros de voar?

PARDAIS

Ide!
Caminhai, Pardais!
Buscai
A semente da sabedoria
Nesta casa do saber!
Sois tudo. Sois vida. Sois alegria
Ao viver entre os discípulos
Da cultura e da sabedoria,
Irradiando de graça e de paz
Os conceitos da vida,
E questões de reflexões.
Vinde, Pardais!
Inundai meu coração de alegria,
Buscai a semente do saber,
Onde passam jovens
Que deste solo
Muitas lições colheram,
E também plantaram muitos frutos
Que mais tarde
Outros haverão de colher.
Voai, Pardais!
Levai ao longe a sabedoria,
Esta semente que aqui colheis,
E semeai em outros terrenos.
Voltai!
Pegai mais e mais,
Semeando para o amanhã
Um pouco da Paz
Que nos trazeis.
Voai, Pardais!
Vivei em cada presente
A NATUREZA.

CONDOR

Oh! Castro Alves,
Por que não vivestes
Em meu tempo?
Queria voar em teu vento,
Qual condor planando
Em madrigal.
Caminhar em teu contento,
Libertar a liberdade
Reprimida.
Represar a tristeza da vida
E cantar no seio da manhã
A hora de amar.
Despertar singela flor
Desse coração colérico,
Agir sem barreiras,
Falar na plenitude do ser,
Sem medo de magoar.
Na minha intimidade
Me encontro,
Liberto o desejo,
Amo, sem receio
De amar!

LUZ - ESTRELA DA DEMOCRACIA.

Ao tempo em que a Natureza
Sofre teu martírio, tua partida,
Te recolhes ao seio da terra onde nascestes.
Em todo chão que pisamos existe um pouco de ti,
No ar que respiramos existe teu ideal de liberdade,
Nas raízes que sustentam os vegetais
E que equilibram o meio ambiente,
Existe a aspiração, a luta e a conquista
De uma Nova República.
A Natureza te escolhe e chora por ti...
A chuva inunda as cidades, os estados,
A Pátria inunda em lágrimas
De um choro uníssono de luto e tristeza,
E estamos sofrendo mais e mais,
Pois em nossa mesa vemos o pão,
Mas não podemos pegá-lo, e da sobrevivência
Resta a luta para cobrar dos que ficaram
A nossa existência e o nosso valor moral.
Estamos aqui, tu te fostes simbolicamente,
E nos ensinaste a amar a Pátria, o civismo,
A ir para as ruas e exigir as eleições "diretas já",
A nos unir, a ver em cada semelhante um irmão,
E a plantar em nossos corações
A semente da democracia,
E a Luz da esperança.

LIVRE LOUCURA

Sou louca
Por amar demais...
Nas cobranças da vida
Me encontro, sem dívidas,
Sem troco, sem bolso.
Loucos são vocês que pensam
Que não tenho vida,
Que respiram meu ar,
Que veem com meus olhos,
Seguem-me os passos,
Acordam-me no espaço
Só de vocês.
Loucos!
Se amar é loucura,
Abram-me os braços
E deixem-me amar, livre,
Andar, falar, cantar,
Recitar, gritar, voar...
Libertem os pássaros,
Libertem meus passos,
E voarei,
Gaivota
Livre...

AS MÃOS

Mãos bonitas,
Peludas, macias,
Suaves, suadas,
Frias, ardentes,
Brancas, carentes,
Contentes, cedentes.
Mãos que falam,
Que apalpam,
Que sentem,
Mãos que transcendem
Desejos presentes.
Mãos que me atormentam,
Que me fascinam,
Mãos que gravei na viagem
Do inconsciente.
Mãos,
Tão lindas mãos,
Gordinhas, Grandes,
Peludas, Suaves,
Cedentes...

ÍNDIO

Despertas em meus sonhos
E trazes uma nativa
Na vigília
Das tardes frias.
No aconchego do sereno
O fogo invade meu peito
E o pôr do sol se esconde
Numa tarde seminua,
Ao beijo sublime da Lua.
Viajo contigo,
Desperto os sentidos,
E adormeces, menino,
Cansado das
Marcas do cotidiano.
Te brinco,
Sinto teu cheiro
Na vigília do adormecer,
Dormindo...

A PORTA

O fantasma das paixões
Assombra minhas ilusões
E transcende a utopia
Que dilacera minha dor,
E sufoca o amor enjaulado,
Castra o desejo,
E com receio de enlouquecer,
Enlouqueço...
Em devaneios brada o meu ser,
Absorvo o canto dos pássaros,
O nadar dos peixes.
E encontro uma porta semiaberta,
Quase fechada,
Tal qual um muro...
E sobre ele...
Entre ela - a porta,
Decido fechar os olhos
A mim mesma...
Contemplo a natureza
Que me toca...
Me excita...
Anteponho-me sem recuo,
Sem passos,
Ali mesmo, estática
Sinto a vida passar,
Com ela passo
Nesse momento que é só meu,
Sem porta, sem muro,
Sem fantasmas, sem recuo,
Sem estradas, livre...
A mim...
Liberdade...

CAMINHO A DOIS

Em meu ninho me encontro
E refúgio meus anseios,
Na esperança de teu nascer.
E minhas lágrimas recuam
Com o tempo que ficou para trás,
Onde a saudade é o tapete
Que marca o recomeço
De minha estrada,
E meu corpo agora mulher,
Mãe santificada,
Envolve e fortalece em coragem
Meus ideais.
E os sonhos vagam longe de mim,
Sempre mais distantes,
Pois caminho sozinha a dois,
E o meu encontro é o recomeço
Que traço em cada passo,
Na andança da mudança,
Do meu realismo.

NASCI

Gestei um sonho
Durante oito anos.
Este momento para mim
É tão sublime quanto
Meu próprio nascimento.
Renasci para a vida
Quando a solidão
Naufragava meus passos,
E meus ideais se perdiam
Com o vento.
Engravidei meus sonhos,
Renasceu minha esperança,
Revivi, sou feliz.
Nasci.

AMOR DE MÃE

Fortaleza dos meus sonhos,
Rainha da harmonia,
Te louvo em minha vida
Como louvo a Deus
E a Virgem Maria.
Concebida sem pecado
És tu Mãe querida,
Com teu nome amado,
Musa de minha poesia.
Dou a ti mil rosas,
Escrevo-te versos de glória,
Te sinto no peito,
Qual amor que resplandece
O ensinamento da vitória.
Concebi a fé, o amor e a humildade
Cantados nos caminhos
Desta estrada amarga,
Suada, salva por tuas mãos
Como Jesus te ensinou.
Oh! Mãe!
Devo-te tudo,
O que Sou e pra onde vou,
E agradeço-te por Amor.

ANOITECE

Lindo!
O sol se pondo
No firmamento,
A vegetação volitiva
Alerta para o momento.
O vento refrescando
Teu corpo,
Brincando em teus cabelos.
O sono, em um cochilo louco,
Te transcende
À distâncias inatingíveis.
A noite com magia
Penetra,
Simultaneamente,
A natureza e a vida,
Cada vez mais presentes.
Em meio a tudo,
Tua presença nativa
Sublima a harmonia
Do anoitecer.

PAI AMIGO

Há um raio de LUZ
Que penetra
Em minha vida,
Ilumina
Meus passos,
Irradia meus sonhos...
Há uma chama
Incandescente
Que me diz:
- Vai filha!
- Vai e luta,
Pois estarei sempre contigo!
Há uma presença
Que se faz
Sempre presente,
É a de meu PAI
AMIGO!

LIBERDADE

Mãos que brotam
Do chão,
Mãos que surgem
Na esperança
De um amanhã livre,
Mãos que nascem
Na essência
Da consciência humilde,
Mãos que, feitas de terra,
Transcendem
A origem de um amanhecer.
PAZ! Aos homens.
PAZ! À vida.
Em luta constante,
Consciência vivida,
Lições aprendidas.

O CIRCO

Chorar de ilusões?
Para quê?
Se a vida é um palco,
E o sorriso é vivo
No rosto do palhaço?
As ilusões não passaram,
A vida é um ensaio,
E nós somos os personagens.
Alegria!
Estou alegre!
Vim trazer
A alegria de viver
E de ver vocês sorrirem.
Alegria! Alegria!
O palhaço ainda existe!

MARA

Olhar inerente,
Brilho carente
Te leva ao transe
E tu o vences.
Teus cílios contentes
Palpitam lacrimejantes,
Esperando a hora
De cerrarem suavemente.
Pestanas desfiadas
De um olhar sonolento,
Iluminado de lágrimas
Do teu doce contento.
Dorme...
Dorme, Binha...
Dorme, porque tens tempo!

DESEMPREGO

Doce rejeição,
Irônico comodismo,
Alegre, amargo
Coração.
Diante de mim
Eu mesmo
Num espelho
Covarde de Nação:
- O desemprego.

EU SOLITÁRIO

Eu solitário,
Na chuva,
Nas ruas
Com meu espaço.
Eu sem medo,
Com você,
Dividindo um caminho
Sem cansaço.
Eu tudo
No mundo,
Com vida,
No mar
Com ar.
Nas esquinas
Da poesia
Do dia,
Eu aqui...
Só Eu
A amar você.

AMAR - AMANDO

DORMI TE AMANDO.
Sonhei contigo.
ACORDEI TE AMANDO.
Vivi contigo.
RESPIREI TE AMANDO.
Sufoquei meu desejo,
TE AMANDO, SACIEI MINHA SEDE,
De Ter-te.
LEVANTEI, SENTEI,
Te amando,
DEITEI TE AMANDO.
Dormi.

HARMONIA

Quando vires o mar,
Ouvires o vento,
E sentires o peixe
Arrebatado nas presas
De uma gaivota,
Saberás que estou
Te amando.
Quando a ponte
Te fissurar em desejo
E sentires arder no peito
A minha ausência,
Saberás que penso em ti.
Quando a Ilha de Cajaíba
Se fizer presente
Em teus sonhos,
E inspirar amantes,
Românticos,
Paixões delirantes,
Sonhos pensantes,
Minha presença
Estará em ti.
Sou gaivota que plana
E caça uma agulhinha
Transparente,
Reluzente no mar.
Sou andorinha que vem
Para apreciar nossos
Desejos...
Sou o mar da praia
Com as ondas consagrando
A vontade de amar.
Sou o sol que brilha
E nos deixa livres
Em transmissão de RÁ!

Sou o vento que sopra
Teus ouvidos
Em gozo, gemido,
Viagem, procura,
Chegada, partida,
Livres para amar a vida!
Sou Eu em ti,
Natureza, vida,
Paixão, beleza!

MOMENTOS

Ah! Se as andorinhas
Ouvissem a voz do infinito
Jamais deixariam de te amar.
Se todo sussurro do mundo
Viesse em bálsamo
Para curar cicatrizes de paixão
Me sentiria mais leve,
Retrataria minha imagem
Com sorriso de felicidade na face.
Ah! Que bom seria
Se a lua invadisse
Meu leito e
Arrebatasse meus pesadelos
Transformando em sonhos
De amor.
Se a essência da primavera
Embalasse, calma e branda,
As sensações delirantes,
Todos os momentos
Seriam eternos,
E meu coração
Só de você.

SUBLIMASIA

No amor sublime
Revelo as sensações mais puras
Dos momentos de ternura,
Na cumplicidade de nós dois.
Amei os teus gestos, teus movimentos,
Teu jeito, e me perdi em teu leito
Para me encontrar. Me encontrando,
Naufraguei em teu peito toda a magia do luar.
Cavalgando meus sonhos,
A realidade sussurrando,
Em gemidos, as sensações
Mais puras e gostosas de te amar.
E adormeci em teu leito,
Renovando minhas forças em poesias,
No delírio de te amar,
Como se resgatasse o tempo perdido,
Num mundo selvagem, destemido,
Vivendo o doce instinto na imensidão de teu olhar.
Revelando meus segredos,
Purificando o meu medo
De ter-te,
E deixar-me perder no cotidiano.
Então os sonhos ficaram em desejos e magia,
Esperando o dia de te encontrar,
E novamente minha vida virar poesia,
No encanto de te amar.

SEM VOCÊ, COM VOCÊ

A tua ausência interfere
No diagnóstico do cotidiano,
Inunda na alma a emoção
Que arde na essência do oceano,
Desaguando em chamas o clamor
Do nosso amor.
E o branco retoma o espaço que é teu.
Me perco nas percepções reais,
E naufrago em sonhos,
Revivendo as nossas
Puras e doces emoções.
São momentos que ficaram gravados
Nas páginas da vida,
E que serão revisados
Com toda a intensidade
Que a natureza permitir.
Meu avesso aflorou ocultando
A tua ausência,
Minha vida se transformou
Em delírios e poesia.
Agora naufrago intensamente,
Buscando do teu retorno
O meu resgate sereno.
Como a luz da Lua,
Perceptível, mas intocável,
Assim permanece o meu amor
Em sua essência,
Reluzindo tua Luz
Que me transcende.
A distância nos une,
Vencemos as barreiras do tempo,
Pois, como o vento, seguimos em frente,
Únicos e sem destino.
Porque estamos em nós mesmos,

E nos encontramos a sós,
Nos descobrindo e eternizando
Os doces momentos,
Cosmicamente...

- 93 -

SAUDADE

Tua lembrança preencheu
Instantaneamente meus ais.
O ar que respiro exalou teu aroma natural,
Teu sorriso resplandeceu no tempo
E me ensinou que a felicidade existe,
Transcendendo todos os limites,
E florescendo o Amor puro e verdadeiro
Que nos faz crianças algozes do amanhã,
Que instala em nossos momentos
A Luz infinita, o doce afã.
Tua presença reluz em miragens,
Semeando o tênue alvorecer,
E no recomeço me perco
Nas ondas douradas do mar,
Na praia de Itapoã,
Recordando nossos doces momentos...
E a saudade pungente...
Despertando da solidão
A certeza do nosso reencontro,
Ao arder em desejos,
Amor e paixão.

RETORNO

Vejo você chegando,
Com o olhar tênue,
O sorriso contente,
Traduzindo a esperança
De um novo amanhã.
E te recebo com um sorriso,
Um doce abraço,
E brilho no olhar
Que nos faz órfãos,
Únicos no seio da Natureza,
Translúcidos de amor.
E no teu braço adormeço,
Sem perceber o meu recomeço.
Mas sentindo o despertar da felicidade...
Em tuas mãos ergo os meus desejos,
E me completo, sentindo
As mais puras sensações...
Não há mais solidão,
Pois adormeces em meu leito,
Índio de minhas noites,
Na selva da razão...
Deixo-me perder ao luar,
E desperto fugaz com a aurora,
Sabendo que nosso amor
Se eternizou na plenitude da Natureza.

SEGREDOS

Ah! Se o mar revelasse
Meus doces segredos,
Tu saberias o desejo
Que tenho de te amar.
Se o mar cantasse
Cada verso de minha poesia,
Tu descobririas o meu encanto.
E ao tocares na doce água fria,
O vento soletraria
- TE AMO.
Meus segredos seriam revelados,
Meus sonhos desvendados,
Meu afago abortado
Na doce ilusão de te amar.
O tempo neste instante pararia no mistério
De desvendar meus sentimentos,
Desnudar meus instintos,
E naufragar em delírios vãos.
Minha poesia seria
Declamada pelas andorinhas,
No doce afago da manhã.
Minha vida não seria mais só minha,
Tecendo a liberdade da canção,
No orvalho de tuas mãos.

ALMA GÊMEA

Teus cabelos prateados
Já passaram de grisalhos
Mas a juventude não esconde
O espírito criança que reside em ti.
Teus passos seguros e calmos,
Mostram as vitórias
De tantas batalhas
Que nos levaram a um caminho sem fim...
Os dias passam...
Os sonhos vagam...
Nossos destinos se cruzaram.
Agora sei que nossas almas
Se eternizaram.
Emergindo de nosso olhar,
"Flashes" de amizade
Que em elo universalizamos
Nos passos de um caminhante.
Incansável e itinerante,
Renascendo o amor
Que de meu coração expande
Em uma rosa com mil pétalas preciosas.
As letras pensantes
Quase em bálsamos, inebriantes
Descrevem um amor
Sem fim...
E penso em ti, a todo instante,
Te vejo menino, no aconchego de meu coração
Em eterno deleite,
Onde aportam todos os encantos,
Verdadeiros sonhos,
Alma Gêmea de mim.

O AMOR VERDADEIRO

Deus nos fez com pureza,
Só o Amor nos faz felizes,
Sigo a Natureza.
O Amor nos faz perceber
Que tudo à nossa volta
É obra de Deus.
Os homens, os animais,
Os vegetais, os minerais.
O tempo não conta,
Para a Divindade não existe lapso,
Mas a certeza de que
O agora nos pertence,
E somos donos de nossas ações,
Para tecermos dias melhores.
Se por acaso não escolhermos bem,
Não importa o início, mas
Os meios empregados,
Para termos um final feliz.
Somos responsáveis
Por nossas ações,
Se errarmos, nos perdoamos,
E perdoaremos nossos irmãos.
Assim nosso amor crescerá
De uma fonte infinita:
Deus em nós e a felicidade
Fluirão de nossos corações.
Amar, sempre Amar, sem limitações,
Amor Verdadeiro,
Amor puro não opressor,
Que afaga, que perdoa.
Amor infindável,
Inesgotável, infinito...

TÉDIO

Vontade de esquecer,
Sentimento perecido,
Desejo de morrer...
Tudo só para esquecer,
Esquecer o que passou,
Que me magoou,
Pelo simples enleio
Que deixou o rastro
De uma ingestão mesquinha
Dos humanos.
Não como pensei,
Meu ideal desencontrei,
Me sinto perdida, desiludida,
Chegando ao fim...
Os homens vivem disfarçados,
Numa ingenuidade medíocre.
Amigos são raros,
Mas dos raros se tira raro,
E do raro fica nenhum...
Morrer...
Não desejo,
Porque todos o fazem
Diante de uma situação dessas.
Sofrer...
Não quero, porque
Todos sofrem.
Farei algo diferente,
Que os homens não fazem por vergonha.
Algo mais íntimo,
Que diante dessa atitude
Me sinta mais EU.
Viverei o mundo da minha maneira,
Sem mágoas,
Frustrações,

Desilusões.
Chorarei...
Chorarei,
Porque poucos choram.
Choro...

POEMA DO INFINITO

Eu quero amar, amar, amar...
Até o infinito.
Beber as lágrimas da chuva
Que inunda o oceano.
Irradiar alegria, brilho
E fé nos mínimos
Raios de sol, e enternecida,
Enamorada, cativa,
Lamber o esplendor da lua,
Que majestosa guarnece
E inspira os apaixonados.
E como aquele beijo roubado
Que não se explica,
Embalo nas noites perdidas,
Pairando no sol, no mar, no luar.
Resplandece em nuvens de magia
Todo o nosso amor.
E minha lembrança
Ainda te lembra, pois busco mesmo você.
Se cada minuto
Que minha lembrança te lembra
Fosse escrito palavra
Por palavra neste poema,
Você saberia
O beijo doce e ardente que te espera.
Se todo o sussurro do mundo,
Fosse dito a cada segundo
A voz amada e sofrida,
Que me faz vagabunda do amor,
Como suportar esta paixão que me maltrata
E que explode esse instinto
Rebelde e amante...

FOLHA

Meus sonhos! ...
Se pudessem rapidamente ser arrastados,
Meus simples versos caminhando com o vento,
Para que sejam vivificados
E cheguem aos homens pesarosos,
E sirvam sempre de Luz
Para clarear as trevas humanas,
Cintilando o sorriso de uma criança.
Uma folha que não se aproxima
Para distante apreciar as razões humanas,
E guiar desanimados.
Que sirva de barco
Para abrigar
Os que se perderam
Em seu próprio mar.
Que sirva de astro
Para guiar os perdidos
Em seu próprio espaço.
E sirva de aroma,
Perfume da flor de minha vida,
Cujas pétalas são meus sonhos,
E as folhas de minh'alma
Arrebatadas para grande altura.

NOITE

No horizonte sombrio o sol se põe.
A tarde fria desprende todos os encantos,
A roseira murcha,
A folha seca do outono
O vento levou...
A paz contorna todo transe.
De mim, a saudade logo punge,
Diante do cume.
Nas suaves correntezas do rio
Se perde meu olhar...
A noite deleita suavemente
Sobre as montanhas,
Escorrendo sobre a natureza
Todo seu símbolo...
O vento passa...
Com ele passo,
Imersa no horizonte,
A saudade que me prende
A este mundo.

PERGUNTAS

Meu DEUS!
Porque os homens não buscam
Uma vida de ternura?
Não sentem no aconchego do semelhante
O calor sereno,
Cheiro de vida,
Faro de amor? ...
Numa rotura insublime
Afasta-se,
Sucumbe o irmão,
Mata e oprime, sofrendo faz sofrer.
Por quê, Senhor?
Buscamos incontido um sorriso...
Por que num olhar insolente
Queremos compreensão?
Por que nos caminhos da vida
Encontramos poetas...
Sonhos...
Mar...
Amor? ...
Por que precisamos de tanto?
Por que buscamos...
Sentimos...
Sofremos? ...
Quando a resposta
Está em nós mesmos…

LUZ

Doce candura
De pura expressão,
Olhos almejantes
De amor e alegria.
Há uma canção
Que te anima,
Há um sorriso
Que procuramos receber,
E ele vem.
Há um desejo incontido
De te pegar,
Te afagar
E tu és pura,
Pura como um anjo do céu,
Pois as estrelas te contemplam...
A noite alegre
Vem à janela
Para te adormecer,
E o dia lindo
E quente aconchega
Teu coração lindo,
E te faz sorrir,
Sempre.

NOSSO AMOR

Não preciso perguntar
Se ainda me amas,
Pois teus olhos
Respondem por ti.
Não quero juras
De respeito, fidelidade,
Ou qualquer conceito,
Quando as palavras ditas
Estão escritas no teu peito.
Quero dizer-te
Que te amo muito,
E que este amor
Consegue superar
As expectativas.
Brigo-te, te amo.
Zango-me,
Te chamo em meus sonhos.
E quando te afastas
Sinto que devias estar
Sempre junto a mim.
Nosso amor
Balança em preconceitos.
Joguemos nosso orgulho
Na fonte da felicidade,
E lavemos nosso rosto
Com ternura e amor.
És a razão de minha existência,
Lutarei por ti e por este amor
Até, se preciso for,
Morrer...

ENTARDECER

Que vazio imenso
Sinto no peito.
Por instantes,
Tudo perdeu
O sentido,
A vida é linda
- Eu sei.
Não me digam
Palavras de ternura,
Pois escapam
Aos meus ouvidos.
Só lágrimas
Invadem meu ser,
Lágrimas cristalinas,
Que em prantos
Inundam minh'alma,
E meus olhos
Só veem o entardecer.
E apesar de tudo,
Encontro-me
Com a NATUREZA.

VALEU

Abra a boca!
Sorria!
A vida tem muito
Que te mostrar,
Não escondas
A felicidade
Que transparece
Em tua face.
Divirta-se! Encha esta vida
Que precisa do teu espaço,
E veja que de tudo,
Até dos enganos,
Se tira um bom "Prato"!
Mexa-se, Mude,
Ourice esta vida
Que te sucumbe.
Engula esta ânsia
Que tem medo de ser!
Abra a boca, devore tudo,
Seja você!
Abra a boca!
Sorria!
Seja feliz!

CIRCO

REFLEXO DE ILUSÕES

A vida é um espelho
De palco reluzente, cristalino.
Diante de mim, eu mesma.
Os momentos de sonhos são tantos,
A magia da ilusão explode em lágrimas,
E meu canto são luzes de ribalta.
Carlitos! Carlitos!
Bengala de mitos delirantes,
Que naufragam nas circunstâncias
De meu reencontro.
Eu e meu amigo – espelho,
Procurando respostas para
Argumentos inusitantes.
Às vezes eu penso... Sei lá! ...
Acho que meu cérebro é cor-de-rosa,
Feito de algodão-doce, delicioso...
Versátil, criativo, engraçado,
Mirabolante.
Meus olhos de pirulitos quentes,
Escaldantes, em palitos
Transbordantes.
Meus lábios – o coração do povo:
Rijo, pulsante.
Nariz de cereja ao marasquino;
Doce, azeda, apetitosa!
Meu corpo propulsa um pierrô sem história,
Embora minha máscara seja a vida,
E meus passos um ensaio
Para justificar essa invenção de Deus.
Sim! Deus inventou o palhaço,
Que representa todas as infâncias concentradas.
E as crianças?
- Onde estão nossas crianças?
Sem elas não serei uma infância,

As doces ilusões de outrora.
Carlitos, Carequinha, Bozo, Pirulim...
Nossos heróis dos picadeiros encantados,
Dos sorrisos desvairados,
Das emoções puras e gostosas.
Onde estão nossos Heróis?
Nossos Palhaços? Nossos Pierrôs?
Nossas crianças contentes?
Nossos circos mambembes?
A cultura de toda história?
A ilusão do palhaço
Que se encontra narciso, triste,
Diante de um palco penumbro,
Opaco, oculto em seu próprio espaço:
- A vida... é um espelho de palco
Reluzente, cristalino, e o vento
Sopra em luzes de ribalta,
Carlitos, Pierrôs e Palhaços em ilusão...

O ACASO

Não é ao acaso que todos os dias
Surge um novo amanhã,
Quando as esperanças vagueiam
No tempo, qual barco sem remo,
À deriva no mar. Não é ao acaso
Que as noites são nobres,
E tecem no tempo
Um véu de estrelas reluzentes,
A nos velar e proteger.
Não é ao acaso
Que a vida corre ligeira,
Fazendo-nos passageiros
De nossos ideais.
E como o tempo passa,
O vento também passa,
As noites e as flores...
Para desabrocharem
Em nova estação.
Não é ao acaso que escrevo estas linhas,
Que a saudade me invade
E faz renascer o amor em poesia,
Florescendo o brilho em meus olhos,
Explodindo o meu coração de Amor.
Não é ao acaso que meu peito transborda
De felicidade, navegando
O destino em novo amanhã...
E a tristeza foge,
Qual andorinha nas tardes frias e secas...
E tua magia deleita
A contento, no doce firmamento,
A certeza de um novo amanhã.

A QUARTA CHAMA

O Coração do Universo
Se expressa nos peregrinos do Amor,
Mensageiros da Luz Maior que candeia
A Consciência Divina dos homens.
Portadores de Archote,
Espada Flamejante,
Luz resplandecente,
Que consome os homens de desejo,
Transformando-os em Paz.
Centelha do Criador, unindo-nos
Em um Único Ser Universal,
Luz que alegra o caminho,
Quando o livre arbítrio não cede aos desejos
Ou se rende às volúpias vãs.
Luz que cresce em intensidade,
Quando praticamos a verdade.
Luz que se expande e nos afaga,
Quando as palavras calam...
E o silêncio tece em redes de Paz
O Amor Supremo, Universal,
Em mantos sagrados de sabedoria.
Luz que resplandece de teus olhos
O desejo do saber
Sendo humilde e eterno neófito.
Luz que me acalma
E faz meus lábios cantarem
O dom do Amor na magia universal,
Crescendo de mim a Rosa-menina,
Que brotou quando permiti
À natureza me conduzir em harmonia divina.
Luz que me faz perceber
E sentir a fraternidade
E a beleza de existir...

ROSACRUZ

Botões de rosa desabrocham
Lentamente de nossos corações,
Em pontos de Luz
Que às margens do tempo
Refletem nosso crescimento interior,
Até nos envolver completamente nos laços
Da sabedoria Divina.
E como o desabrochar
Das rosas é lento,
E seu silêncio profundo,
Só a natureza é capaz de perceber.
E de teu aroma
Vem o despertar
Que naufraga nossos sonhos
Em doces inspirações
Da filosofia cósmica,
Polinizando nossa mente,
Corpo e alma no Domínio
Da vida, Cavaleiros da Luz,
Instalando em nossos corações
A Rosa que suaviza a Cruz.

MEU BOMBOM

Meu bombom és tu,
Doce menino.
O esplendor do amanhecer
Revigora em teu sorriso
Uma expressão de Paz Profunda...
E de teu ser
Manifesta-se o instinto
De ser uma criação divina
No esplendor da natureza.
Menino, que acolho nas noites frias
E acalmo nos dias quentes de verão,
Com doces, sorvetes e água do mar.
Que fizestes de minha poesia
Uma linda magia
Com teus cânticos de amor.
Sem dogmas, conceitos
Ou preconceitos
És puro,
Como Deus te criou.
Criança, sempre criança,
Tua presença te eleva
E encanta na mestria cósmica
De teu dom de Amor,
Que reflete na vida
Pura e limpa, o Criador.
Expressão da centelha Divina
É Luz, Vida e Amor.

BIOGRAFIA DA AUTORA

Sandra Lúcia de Souza Santos (Sandra Lúcia)
Advogada, Escritora, Poetisa.

Nasceu em Salvador de Bahia (Brasil), poetisa e escritora.

É Professora e Advogada, formada em Ciências Biológicas e Direito com Especialização em Gestão Pública.

Presidente de honra da ALARME.
(Academia de Letras e Artes da Região Metropolitana)

Presidente de honra da ALASFCON.
(Academia de Letras e Artes de São Francisco do Conde)

Participa ativamente de movimentos culturais, pedagógicos e literários, desde 1984, quando iniciou suas publicações em Coletâneas Poéticas.

Membro da CAPPAZ (Confraria de Artistas e Poetas Pela Paz) e do Movimento Cultural Artpoesia.

SEUS LIVROS:

Miragens
    Poemas;

Viva São Francisco do Conde!
    Conto didático-pedagógico;

Sábado Que Vem Tem Mais!
    Osmar Ramos, biografia

Viver – Uma lição de Amor
    Romance

O Beijo Eterno
    Antologia poetica

UMA PÁGINA ESPECIAL

Minha homenagem especial ao Lar Maria José, casa de repouso em Salvador-Bahia, pela atenção e afeto dispensados aos idosos em um ambiente alegre e saudável.

Através do:

- instagram: @lar.maria.jose
- e-mail: larmariajose1@gmail.com

vocês poderão conhecer e encontrar as informações necessárias como doar e colaborar com os projetos sociais.

9 791280 240699